ELVO
SESIA
Biella
Ivrea
M. GIAVINO
2766 m
PARCO NAZIONALE
GRAND PARADISO
4061 m
LA GRIVOLA
3969 m
Cogne
EMILIUS
3559 m
COL DE L'ISERAN
2770 m
PTE. DE LA GRDE. CASSE
TESTA DEL RUTOR
3468 m
COLLE D. PICC. S. BERNARDO
2188 m
P. DUFOUR
4634 m
MONTE ROSA
VALLE D' AOSTA
Aosta
DORA BALTEA
GORNER GRAT
MATTERHORN
4478 m
GR. COMBIN
4314 m
COL DU GRD. ST. BERNARD
2464 m
TUNNEL D. GRD. ST. BERNARD
Courmayeur
MONT BLANC
4807 m
BEAUFORT
GDES. JORASSES
4208 m
MT. COLLON
3637 m
ALPHUBEL
4206 m
Zermatt
ZINALROTHORN
4221 m
AIG. VERTE
4122 m
AIG. DU MIDI
3842 m
les Contamines
DOM
4545 m
WEISSMIES
4023 m
Arolla
L. DES DIX
VAL D' ENTREMONT
VAL FERRET
TUNNEL DU MT. BLANC
Albertville
ARC
WEISSHORN
4505 m
MATTERTAL
Saas-Fee
Chamonix
St. Gervais
Megève
ARLY
Ugine
Orsières
LES AIGUILLES ROUGES
Zinal
Verbier
VAL DE NENDAZ
VAL D'HÉRENS
VAL D'ANNIVIERS
St. Niklaus
L. DE MOIRY
Trient
Sallanches
CHAÎNE DES ARAVIS
SIMPLONPASS
2006 m
Stalden
Martigny
TOUR SALLIÈRE
3219 m
Doussard
Visp
RHÔNE
Sierre/Siders
Sion
DTS. DU MIDI
3257 m
Champéry
Brig
Leuk
2004 m
SOUS DINE
Menthon
LAC D' ANNECY
BREITHORN
3785 m
Montana
LES DIABLERETS
3210 m
WILDHORN
3248 m
Cluses
Annecy
GR. ALETSCH-GLETSCHER
BLÜMLISALPHORN
3664 m
WILDSTRUBEL
3243 m
COL DU PILLON
1546 m
St. Maurice
Morgins
Morzine
Bonneville
FINSTERAARHORN
4274 m
JUNGFRAU
4158 m
MÖNCH
4099 m
Kandersteg
Lenk
Monthey
Bex
Aigle
Châtel
LES VOIRONS
1480 m
La Roche
EIGER
3970 m
SCHILTHORN
2970 m
Adelboden
KANDERTAL
OBERLAND
Gstaad
la Chapelle
Mürren
Grindelwald
Wengen
Lauterbrunnen
Frutigen
Zwischenflüh
Saanen
ARVE
Zweisimmen
VANIL NOIR
2389 m
DT. D' OCHE
2222 m
Annemasse
Lancy
Meiringen
NIESEN
2362 m
Erlenbach
JAUNPASS
1509 m
LE MOLÉSON
2002 m
Villeneuve
RHÔNE
Interlaken
Spiez
Thonon
Genève
Montreux
BRIENZER SEE
THUNER SEE
Evian
Meyrin
BRÜNIGPASS
1007 m
Vevey
LAC LÉMAN
Nyon
Thun
Morges
Broc
Bulle
Wattenwil
Lausanne
Morez
PILATUS
2128 m
LAC DE LA GRUYÈRE
ENTLEBUCH
Konolfingen
Romont
St.-Laurent-en-Grandvaux
Fribourg
LAC DE JOUX
AARE
Yverdon
Huttwil
Bern
Estavayer-le-Lac
Willisau
JURA
Burgdorf
MURTEN-SEE
Zell
Pontarlier
LAC DE NEUCHÂTEL
Neuchâtel
Nods
Langenthal
BIELER SEE
DOUBS
Zofingen
La Chaux-de-Fonds
Olten
Solothurn
Biel
Aissey
AARE

Reisetour durch die SCHWEIZ
Voyage à travers la SUISSE
Journey through SWITZERLAND

Franz Auf der Maur

Farbbild-Reise
Schweiz

ZIETHEN-PANORAMA VERLAG

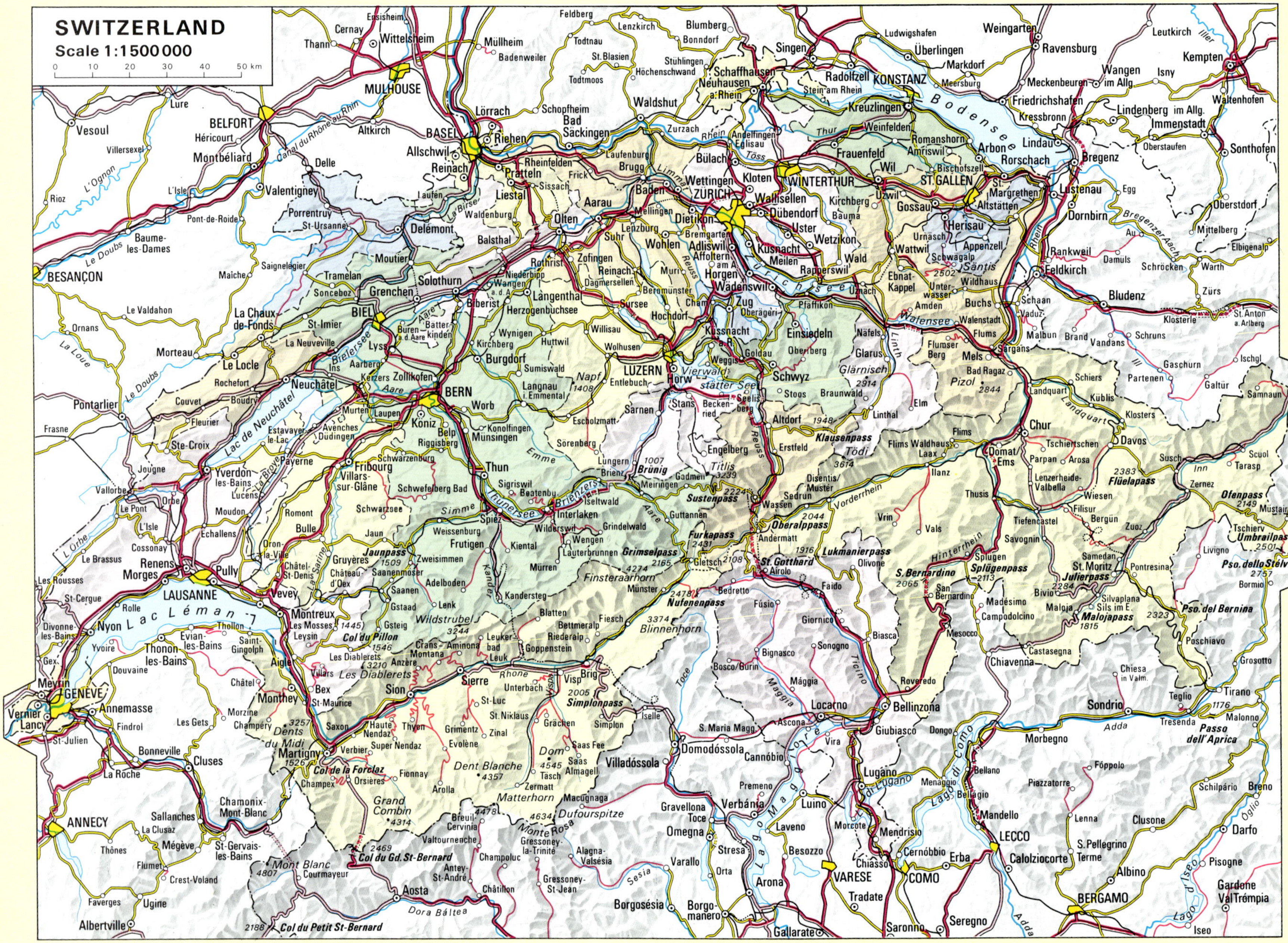
SWITZERLAND
Scale 1:1500000
0
10
20
30
40
50 km
MULHOUSE
BELFORT
BASEL
BESANÇON
BIEL
BERN
LUZERN
ZÜRICH
WINTERTHUR
ST. GALLEN
KONSTANZ
Bodensee
LAUSANNE
GENÈVE
Lac Léman
ANNECY
Lac de Neuchâtel
Neuchâtel
Fribourg
Solothurn
Thun
Interlaken
Chur
Davos
St. Moritz
Sion
Sierre
Brig
Martigny
Montreux
Vevey
Yverdon
Locarno
Bellinzona
Lugano
COMO
VARESE
LECCO
BERGAMO
Sondrio
Aosta
Domodóssola
Feldkirch
Bregenz
Ravensburg
Kempten
Schaffhausen
Aarau
Olten
Zug
Schwyz
Glarus
Matterhorn
Mont Blanc
Monte Rosa
Dufourspitze
Finsteraarhorn
Simplonpass
Furkapass
Grimselpass
Sustenpass
Oberalppass
St. Gotthard
Lukmanierpass
S. Bernardino
Splügenpass
Julierpass
Malojapass
Flüelapass
Ofenpass
Col du Gd. St-Bernard
Col du Petit St-Bernard
Lago Maggiore
Lago di Como
Walensee
Vierwaldstätter See
Thunersee
Brienzersee
Bielersee

Franz Auf der Maur

Einladung zu einer Reise durch die Schweiz

Millionen Touristen können sich nicht irren: Die Schweiz ist zweifellos eines der schönsten Länder unserer Erde. Was aber nun macht diese 41.000 Quadratkilometer im Herzen Europas derart attraktiv?

An erster Stelle stehen sicher die Berge. Eine Kette vergletscherter Hochalpen mit Gipfelhöhen über 4000 Metern zieht sich von West nach Ost durch das ganze Land. Von diesem steinernen Rückgrat aus gehen Täler in alle Richtungen. Manche von ihnen beherbergen größere und kleinere Seen, was den Reiz der Landschaft noch erhöht.

Natur läßt sich nur genießen, wenn die nötigen Einrichtungen zur Verfügung stehen. Der Fremdenverkehr gehört seit 200 Jahren zu den Haupteinnahmequellen eines sonst nicht mit Reichtümern gesegneten Landes – Beherbergung und Beförderung von Touristen haben in der Schweiz also Tradition.

Daß Einheimische und Fremde aufeinander angewiesen sind, sieht man auch im kulturellen Bereich. Weil die Fremden derart große Freude am Jodellied, am Alphornblasen, an den Bauerntrachten und am Fahnenschwingen zeigten, blieben diese Betätigungen bis in die Gegenwart erhalten . . . zu Nutz und Frommen auch der Schweizer selber.

Weitere Trümpfe des Touristenlandes sind die gutausgebauten Verkehrsverbindungen. Dies gilt sowohl für das Straßennetz wie auch für den öffentlichen Verkehr. Ja, es dürfte wenige andere Regionen geben, die auf kleinem Raum derart viele Verbindungen von Zug und Bus, Schiff und Bergbahn anbieten.

Üblicherweise bilden die Berge das bevorzugte Ziel der Reisenden, sei's im Sommer oder im Winter (bei dieser Gelegenheit ein Hinweis auf Frühling und Herbst – zu diesen Jahreszeiten muß man die Schweiz nicht mit so vielen anderen Leuten teilen). Doch auch die Landschaften des Mittellandes und des Juras ken-

A la découverte de la Suisse

Les millions de touristes qui visitent la Suisse ne s'y trompent pas: ce petit pays de 41 000 km^2 au coeur de l'Europe est sans conteste l'un des plus beaux du monde. Mais qu'est-ce qui rend la Suisse aussi attrayante?
Les montagnes, tout d'abord. Avec ses glaciers et ses sommets qui dépassent parfois 4000 mètres, la chaîne des Alpes s'étend d'ouest en est à travers le pays comme une véritable épine dorsale. Cette chaîne rocheuse donne naissance à de nombreuses vallées dont plusieurs abritent des lacs, petits ou grands, qui ajoutent encore au charme du paysage.

On ne peut apprécier la nature que si l'on dispose d'une infrastructure adéquate. Depuis 200 ans, le tourisme constitue l'une des principales sources de revenus d'un pays qui, par ailleurs, n'est pas doté de richesses particulières. En Suisse, l'hébergement et le transport des visiteurs reposent donc sur une longue tradition.

Cette interdépendance entre autochtones et touristes se manifeste aussi dans le domaine culturel. L'engouement des étrangers pour le „yodel", le cor des Alpes, les costumes campagnards et le lancer du drapeau est tel que ces traditions se sont perpétuées jusqu'à nos jours..., pour le plus grand profit des Suisses eux-mêmes, d'ailleurs.

Autre atout: les nombreuses voies de communication qui sillonnent le pays. Le réseau routier et les transports publics sont bien développés. Rares sont les régions qui, sur une surface aussi limitée, offrent autant de moyens de transport (chemins de fer, autocars, bateaux, installations mécaniques).

Eté comme hiver, c'est la montagne qui attire la majorité des visiteurs. N'oublions pas pour autant le printemps et l'automne, saisons plus calmes où la Suisse est moins envahie par les touristes. Mais les paysages du Pla-

Join us on a journey through Switzerland!

Millions of tourists can't be wrong! Switzeland is undoubtedly one of the most beautiful countries in the world. But just what is it that makes these 41 000 square kilometres in the heart of Europe so attractive?

First of all, there are the Alps, a range of glacier-strewn mountains with peaks exceeding 4000 metres that stretches right across the country from west to east. Valleys branch off in all directions from this rocky backbone, many of them containing lakes of varying sizes which add to the charm of the landscape.

Nature can only be enjoyed to the full if the necessary infrastructure is available. For two centuries, tourism has been one of the main sources of income for a country which has not been blessed with many natural resources. So Switzerland has a long-standing tradition of lodging and transporting tourists.

This interplay between locals and visitors is evident in cultural matters too. Because tourists took such pleasure in yodelling, alphorn music, traditional costumes and flag tossing, these customs have survived to the present day, to the advantage of the Swiss heritage.

Switzerland also boasts a well-developed transport network, both for private road and public traffic. There are probably few other regions which have so many train, bus, boat and mountain railway facilities in such a small space. Normally, tourists head for the mountains, both in summer and in winter (here's a tip: spring and autumn are less crowded). However, the Central Plain and Jura hills also have a charm all of their own. Culture-hungry visitors who like well-preserved towns (neutral Switzerland survived both World Wars unscathed) will find plenty of interesting places all over the country. And for those who are just hungry, there is also a wide choice of cuisines...
This book takes you on a pictorial tour of the whole of Switzerland. Naturally, it places most

nen ihre Schönheiten. Wer guterhaltene Städte schätzt – der neutrale Kleinstaat blieb in den Weltkriegen vor Zerstörungen bewahrt –, findet in allen Landesteilen ein reichhaltiges Angebot, kulinarische wie kulturelle Genüsse inbegriffen.

Unser Bildband führt durch die ganze Schweiz. Er legt verständlicherweise das Schwergewicht auf die touristisch besonders bedeutsamen Zentren, spürt aber auch manche verborgene Idylle auf . . . als Anregung, einmal abseits vielbegangener Pfade zu wandeln.

A propos „Pfade" und „wandeln": Es ist nicht die schlechteste Idee, zumindest einen Teil der Schweiz auf eigenen Füßen zu durchstreifen. Ein markiertes Wegenetz von rund 50.000 Kilometern Länge, sowie jede Menge Karten und Literatur machen das Wandern zum Kinderspiel. Und was es da nicht alles zu erleben gibt – von Tag zu Tag andere Landschaften, andere Menschen . . .

In der Tat ist die Eidgenossenschaft kein Einheitsstaat, sondern ein Zusammenschluß von 26 eigenständigen Kantonen, die alle ihre Geschichte haben. Zu diesem bunten Bild gehört auch die Tatsache, daß die Schweiz nicht weniger als vier Landessprachen zählt: Im Norden spricht man deutsch, im Westen französisch, im Süden italienisch und im Osten teils neben deutsch, rätoromanisch.

Vielfalt auf kleinem Raum gibt es nicht nur bei den Sprachen, sondern auch bei den Landschaften. Nur wenige Kilometer trennen die Hochgebirgsgletscher von den palmenbestandenen Seeufern der Alpensüdseite, einsame Triften von belebten Stadtzentren, dunkle Wälder von lachenden Weinbergen. Erleben Sie alle Aspekte in unserem Bildband . . . und dann in natura auf einer Reise durch die schöne Schweiz. Die Einladung gilt:

herzlich willkommen.

teau et du Jura ont leur charme, eux aussi. Ceux qui apprécient les villes bien conservées (grâce à sa neutralité, la Suisse fut épargnée pendant les deux guerres mondiales) trouveront dans toutes les parties du pays de quoi satisfaire leurs exigences, culturelles et gastronomiques comprises.

Notre album illustré vous conduira à travers toute la Suisse en mettant l'accent, bien entendu, sur les centres touristiques. Mais il vous révélera aussi quelques endroits idylliques qui vous donneront envie de partir à l'aventure hors des sentiers battus.

D'ailleurs, il peut être particulièrement intéressant de parcourir la Suisse à pied. Un réseau de chemins pédestres balisés, long de quelque 50 000 kilomètres, ainsi qu'une multitude de cartes topographiques et de documents divers sont à la disposition des touristes qui désirent visiter la Suisse par leurs propres moyens. Ils découvriront ainsi chaque jour d'autres gens, d'autres paysages.

En réalité, la Confédération helvétique n'est pas un Etat homogène, mais une union de 26 cantons autonomes qui ont chacun leur propre histoire. A cette grande variété géographique et politique s'ajoutent les quatre langues nationales du pays: l'allemand, que l'on parle au nord, le français à l'ouest, l'italien au sud et le romanche à l'est.

Les paysages, eux aussi, reflètent cette diversité. Quelques kilomètres seulement séparent les glaciers des lacs bordés de palmiers, les pâturages des centres urbains, les forêts austères des vignobles ensoleillés. Vous pourrez découvrir ces multiples facettes dans notre album et ensuite . . . sur place, lors d'un voyage à travers la Suisse. L'invitation est lancée: soyez tous les bienvenus!

emphasis on the important tourist centres but also visits some more obscure beauty spots to encourage you to leave the beaten track.

On the subject of "tracks", it's not a bad idea to discover at least part of Switzerland on your own two feet. Walking is easy, thanks to a 50 000-kilometre network of walking trails and a wide range of maps and books. Every day brings new landscapes, fresh experiences and different people.

In actual fact, Switzerland is not a homogeneous state but a confederation of 26 independent cantons, each with its own history. This colourful mosaic is supplemented by the fact that there are no less than four national languages. In the north, people speak German, in the west French, in the south Italian and in the east Romansch.

This tremendous variety in a confined area is also reflected in Switzerland's landscapes. Just a few kilometres separate mountain glaciers from southern lakes bordered with palm trees, isolated pastures from busy town centres and dark forests from sunny vineyards. We hope you will enjoy all these contrasting facets in this book before setting off on a trip through the beautiful country of Switzerland to see them in real life. A warm welcome awaits you!

SENT

BASEL

Basel, die Grenzstadt am Dreiländereck in der Nordwestschweiz, ist eines der wichtigsten Eingangstore zur Eidgenossenschaft. Das Münster auf einem Hügel über dem Rhein kündet von den kulturellen Leistungen der Humanistenstadt. Rechts ein bunter Basler Bilderbogen: die Statue des römischen Stadtgründers Munatius Plancus, das Spalentor, das Rathaus am Marktplatz, fröhliches Fasnachtstreiben.

BALE

Située au nord-ouest de la Suisse - aux confins de la France et de l'Allemagne - Bâle est l'une des portes de la Confédération. Sur une colline dominant le Rhin, le Münster (cathédrale) témoigne des richesses culturelles de cette ville à tradition humaniste. A droite: la statue de Munatius Plancus, fondateur romain de Bâle; le Spalentor; l'Hôtel de Ville sur la place du Marché; une scène du Carnaval.

BASLE

Basle, where three countries meet in the north-west corner of Switzerland, is one of the most important gateways to the Confederation. The cathedral on a hill overlooking the River Rhine testifies to the cultural achievements of this humanist city. Right: a series of colourful Basle scenes: the statue of the Roman founder of the city, Munatius Plancus, the "Spalentor" gate, the Town Hall on the Market Square and Carnival festivities.

Das Emmental im Kanton Bern ist ein landwirtschaftliches Kerngebiet der Schweiz. Höhenzüge und Täler in kurzem Wechsel sind für diese Gegend typisch. Manche Bauernbetriebe liegen als Einzelhöfe auf aussichtsreicher Höhe, von wo der Blick nach Süden zu den Berner Alpen geht. Für Wanderer ist das abwechslungsreiche Emmental mit seinen Weiden und Wäldern ein Paradies – übrigens auch im kulinarischen Angebot.

L'Emmental, dans le canton de Berne, se distingue avant tout par sa topographie vallonnée. C'est aussi l'une des régions agricoles les plus importantes de Suisse. Les fermes sont souvent disséminées sur les hauteurs d'où la vue s'étend jusqu'aux Alpes bernoises. Le paysage varié de l'Emmental, avec ses pâturages et ses forêts, fait le bonheur des randonneurs. Les gastronomes, eux aussi, seront comblés par cette région.

The Emmental in Canton Berne is one of Switzerland's main farming areas. Hills and valleys alternating in quick succession are typical of this landscape. Many farms stand isolated on hilltops commanding views south to the Bernese Alps. The varied Emmental with its meadows and forests is a paradise for walkers and, incidentally, for those who like good country fare.

Hans Schärer hat diesen Speicher erneuern laßen
Zürich
Bern
Lucern
Ury
Schweiß
Ys hüter Fründ, all Schöne, Alte wei mir dä Spycher hie erhalte, machets später ou e so, de wärde mir nie under goh. Erneuert im Chriegsjahr 1942

BERN – Hauptstadt der Schweiz

Auf einer Halbinsel über der Aare, in strategisch idealer Lage, wurde 1191 die Stadt Bern von den Zähringerherzögen gegründet. Trotz stetigen Wachstums während 800 Jahren hat die Siedlung ihren historischen Kern erhalten können: Die Berner Altstadt ist ins Unesco-Verzeichnis der Weltkulturgüter aufgenommen worden. Unsere Nachtaufnahme zeigt den Blick von Osten her auf die Aarehalbinsel mit Münster und Bundeshaus.

BERNE – capitale de la Suisse

Stratégiquement bien située sur une presqu'île de l'Aar, la ville de Berne fut construite en 1191 par les ducs de Zähringen. Malgré un développement constant depuis 800 ans, la ville a su préserver son centre historique: la vieille ville de Berne fait partie du patrimoine culturel mondial recensé par l'UNESCO. Sur la photo, la boucle de l'Aar vue de l'est, avec le Münster (cathédrale) et le Palais fédéral.

BERNE – capital of Switzerland

Berne was founded on a peninsula in the River Aare by the Dukes of Zaehringen in 1191, and although it has grown and expanded over the centuries, the city has managed to retain its historical centre. The Old Town of Berne is mentioned in the Unesco list of international heritage landmarks. Our picture shows the view at night from the east of the Aare peninsula with the Cathedral and the Swiss Parliament building.

THUNER SEE — Brienzer See

Die Wellen des Thuner Sees schlagen an die Mauern von Schloß Oberhofen, das als Wohnmuseum der Öffentlichkeit zugänglich ist. In früherer Zeit war die Anlage zuerst Wehrbau, dann Sitz der bernischen Vögte (Gebietsverwalter). Am Südufer des Brienzer Sees stürzt sich der Gießbach in 14 Kaskaden zum See hinunter. Die Gießbachfälle (Bild rechts) sind bequem mit dem Schiff erreichbar.

Lac de Thoune — Lac de Brienz

Baigné par le lac de Thoune, le château d'Oberhofen était autrefois une forteresse. Puis il devint le siège des baillis bernois (gouverneurs régionaux) et aujourd'hui, il abrite un musée de l'habitat. C'est ici sur la rive sud du lac de Brienz, que les 14 cascades du Giessbach, accessibles par bateau, se jettent dans le lac (photo de droite).

Lake Thun — Lake Brienz

The waters of Lake Thun lap against the walls of Oberhofen Castle which is open to the public as a domestic museum. The castle was originally built for defence but later became the seat of the Bernese governors. The wild, wooded south bank features the Giessbach Falls, a series of 14 cascades right down to the lake. The Giessbach Falls (picture right) are easy to reach by boat.

Berner Oberland bei Meiringen

Unbeugsam wie die Berge im Haslital sind auch die Menschen: wetterhart, wortkarg und auf ihre Unabhängigkeit bedacht. Es ist sicher kein Zufall, daß sie den stolzen Adler im Wappen führen. Diesen König der Lüfte sieht man gelegentlich auch noch in der Natur, etwa hier über dem Talgrund von Rosenlaui kreisend. Im Hintergrund der Rosenlauigletscher mit Wellhorn und Wetterhorn/ 3701 m ü.M. Rechts die Almabfahrt im Herbst.

L'Oberland Bernois / Meiringen

Endurcie, taciturne et fière de son indépendance, la population du Haslital est aussi inflexible que ses montagnes. Un aigle orne les armoiries de la région – ce n'est sans doute pas par hasard. Parfois, on peut observer ce géant des airs dans la nature, comme ici au-dessus du Rosenlauital. Au fond, le glacier du Rosenlaui avec le Wellhorn et le Wetterhorn (3701 m).

Bernese Oberland near Meiringen

The weatherbeaten, taciturn people of the Haslital are as unyielding as its mountains and jealous of their independence. It is certainly no coincidence that their coat-of-arms features the proud eagle. From time to time, this king of the air can still be seen in real life, as here circling over the Rosenlaui Valley. In the background, the Rosenlaui Glacier with the Wellhorn and the Wetterhorn (3701).

Der Brauch des Fahnenschwingens entstammt, wie das Jodeln und Alphornblasen, der alpinen Hirtenkultur. Besonders fleißig geübt wird das Fahnenschwingen im Berner Oberland, hier vor der Kulisse von Eiger, Mönch und Jungfrau. Stattliche Männer, die Kraft mit Geschick verbinden, lassen das Fahnentuch an kurzem Griff bedächtig kreisen, bis sie es dann ruckartig in die Höhe werfen ... und wieder auffangen.

Tout comme le yodel et le cor des Alpes, la coutume du lancer du drapeau a son origine dans la culture alpine des bergers. Cette activité, fort répandue dans l'Oberland bernois, a parfois pour toile de fond l'Eiger, le Mönch et la Jungfrau, comme sur notre photo. On saisit le drapeau par le manche et, avec force et adresse, on le fait tournoyer lentement avant de le lancer brusquement en l'air, puis de le rattraper.

The custom of flag throwing, like yodelling and playing the alphorn, stems from mountain cowherd traditions. Flag throwing is particularly popular in the Bernese Oberland, in this case against the backdrop of the Eiger, Moench and Jungfrau. Well-built men combine strength with skill in slowly spinning the flag on a short handle then suddenly tossing it high in the air and catching it again.

Tal von Grindelwald

Als es noch längst keine Flugzeuge gab, von denen aus sich Aufnahmen wie auf den Seiten 18/19 machen ließen, zogen Eiger, Mönch und Jungfrau bereits die Blicke der Bergsteiger auf sich. Zuerst bestiegen wurde der höchste der drei Gipfel, die Jungfrau mit 4158 m ü.M. im Jahre 1811. Dem Hochgebirge unmittelbar vorgelagert und doch freundlich offen ist das Tal von Grindelwald. Als Wahrzeichen ragt das Wetterhorn (3701 m) in den Himmel über dem Gletscherdorf, wie sich Grindelwald gerne bezeichnet.

La vallée de Grindelwald

Du temps où les avions qui permettent des prises de vues comme sur les pages 18/19 n'existaient pas encore, l'Eiger, le Mönch et la Jungfrau étaient déjà convoités par les alpinistes. Le plus haut des trois sommets, la Jungfrau (4158 m), fut le premier à être escaladé, en 1811. Située au pied des sommets majestueux, la vallée de Grindelwald n'en est pas moins accueillante. Le "village du glacier", c'est ainsi que l'on désigne Grindelwald, est dominé par le Wetterhorn (3701 m).

Grindelwald Valley

Long before there were aircrafts from which photos like those on the pages 18/19 could be taken, the Eiger, Moench and Jungfrau were already attracting climbers' attention. The Jungfrau, the highest of the three peaks at 4158 m, was the first to be climbed in 1811. The Grindelwald Valley lies right next to the high mountains yet is friendly and open. The landmark of the glacier village, as Grindelwald likes to call itself, is the Wetterhorn (3701 metres) which towers above it.

◁◁ 18/19:
Luftbild mit den Bergen
Eiger, Mönch und Jungfrau

Von Grindelwald aus führt die längste Sesselbahn der Welt zum Aussichtspunkt First auf 2167 m ü.M. Sie weist eine Betriebslänge von 4354 Metern auf, überwindet in 30 Minuten einen Höhenunterschied von 1100 Metern und erspart einen fast vierstündigen Anstieg. Etwas oberhalb der First liegt der Bachalpsee, in dessen klarem Wasser sich Schreckhorn (links, 4078 m ü.M.) und Finsteraarhorn (4274 m ü.M.) spiegeln.

Le plus long télésiège du monde relie Grindelwald à First, un point de vue situé à 2167 m. En 30 minutes, il franchit une distance de 4354 mètres et une dénivellation de 1100 mètres, soit l'équivalent d'une montée à pied de quatre heures. Au-dessus de First se trouve le lac de Bachalp, dans lequel se reflètent le Schreckhorn (à gauche, 4078 m) et le Finsteraarhorn (4274 m).

The world's longest chairlift leads from Grindelwald up to First, a vantage point at 2167 metres above sea-level. The lift is 4354 metres long, rising 1100 metres in 30 minutes – the climb takes almost four hours on foot. Just above the First is Lake Bachalp, the Schreckhorn (left, 4078 m) and the Finsteraarhorn (4274 m) mirrored in its clear water.

Zu den landschaftlich eindrucksvollsten Höhenrouten der Schweiz zählt die Sustenpaßstraße. Sie führt von Innertkirchen im Berner Oberland ostwärts nach Wassen im Kanton Uri, verbindet also das Tal der jungen Aare mit jenem der jungen Reuss. Da die Sustenpaßstraße auf 2224 m ü.M. kulminiert, führt sie an die Grenze des vergletscherten Hochgebirges. Hier der Steingletscher wenig südwestlich der Passhöhe.

La route du col de Susten compte parmi les routes de montagne les plus impressionnantes de Suisse. A partir d'Innertkirchen, dans l'Oberland bernois, elle rejoint Wassen, à l'est, dans le canton d'Uri, reliant ainsi la vallée de l'Aar à celle de la Reuss. Culminant à 2224 mètres d'altitude, la route du Susten côtoie plusieurs glaciers. Ici, le glacier de Stein, situé au sud-ouest du col.

The mountain landscape along the Susten Pass road is among the most impressive of its kind in Switzerland. This road leads east from Innertkirchen in the Bernese Oberland to Wassen in Canton Uri, linking the valleys of the young rivers Aare and Reuss. Because the Susten Pass lies 2224 metres above sea-level, glacier-strewn slopes are much in evidence. The picture shows the Stein Glacier, just to the south west of the Pass.

EIGERNORDWAND

Zwei Begriffe haben das Berner Oberland in der ganzen Welt bekannt gemacht: die gefürchtete Nordwand des Eigers (Bild rechts, von der Kleinen Scheidegg aus gesehen) und das Jungfraujoch. Während die Eigernordwand den routinierten Alpinisten vorbehalten bleibt, ist das Jungfraujoch dank der Jungfraubahn ein ungefährliches Touristenziel auf fast 3500 m ü.M.

PAROI NORD DE L'EIGER

Deux symboles caractérisent essentiellement l'Oberland bernois: la redoutable paroi nord de l'Eiger (photo de droite, vue de la Petite Scheidegg) et le Jungfraujoch. Alors que la paroi de l'Eiger est réservée aux alpinistes chevronnés, le Jungfraujoch, situé à 3500 m est un but touristique que l'on peut atteindre sans danger par le train de la Jungfrau et qui offre un panorama grandiose.

NORTH WALL OF THE EIGER

Two names have made the Bernese Oberland world famous: the feared North Wall of the Eiger (pictured right, from the Kleine Scheidegg) and the Jungfraujoch. While the North Wall remains the preserve of experienced climbers, the Jungfraujoch with its magnificent panorama has become a safe tourist destination at almost 3500 metres above sea-level, thanks to the Jungfrau railway.

Freiburg/Fribourg ist die zweisprachige Hauptstadt des gleichnamigen Kantons; freilich sprechen mehr Menschen französisch als deutsch. Im 12. Jh. wurde die Stadt von Zähringern auf einer Saanehalbinsel gegründet. Die Altstadt mit der Kathedrale ist noch immer auf diesen schmalen Raum beschränkt, während sich die Siedlung auf beiden Seiten der Saane ausgedehnt hat. Historische wie moderne Brücken führen über den Fluß.

La ville de Fribourg/Freiburg, chef-lieu bilingue du canton du même nom (le français étant toutefois prédominant), fut fondée par les Zähringen au XIIe siècle, sur une presqu'île de la Sarine. Le coeur de la cité – vieille ville et cathédrale – est confiné sur cet espace limité, alors que la ville s'est étendue de part et d'autre de la rivière. Plusieurs ponts historiques et modernes enjambent la Sarine.

Fribourg (or Freiburg) is the dual-language capital of the canton of the same name, though French-speakers are in the majority. The town was founded on a peninsula in the River Saane in 1157 by the Dukes of Zaehringen, and the Old Town with its cathedral is still confined to this small space, while the settlement now covers both sides of the Saane which is spanned by bridges ancient and modern.

Aus einer burgundischen Befestigung des 10. Jahrhunderts hat sich die Stadt Neuenburg entwickelt. Die Burg hatte den wichtigen Verkehrsweg längs des Seeufers zu schützen. Zum Schloß wurde die Anlage zwischen dem 12. und 15. Jahrhundert ausgebaut; die benachbarte Stiftskirche Notre-Dame stammt aus dem 13. Jahrhundert. Eine Kuriosität: Bis 1848 war der König von Preußen Landesherr von Neuenburg.

La ville de Neuchâtel a pour origine une fortification bourguignonne du Xe siècle qui protégeait la principale voie de communication le long des berges. Entre les XIIe et XVe siècles, cette forteresse fut transformée en château. La collégiale de Notre-Dame date du XIIIe siècle. Une curiosité à relever: bien que faisant partie de la Confédération depuis 1815, Neuchâtel fut sous domination prussienne jusqu'en 1848.

The town of Neuchâtel developed from a 10th-century Burgundian fortress built to protect the important route along the lakeside. The castle proper was built between the 12th and 15th centuries, and the neighbouring collegiate church of Notre Dame dates from the 13th century. One curious fact is that, until 1848, the King of Prussia was sovereign of Neuchâtel which joined the Swiss Confederation in 1815.

Genf, französisch Genève, ist unbestrittenes Zentrum der Westschweiz. Die Ortschaft liegt am Westende des Genfer-Sees (Lac Léman) sowie an der Rhone und zeichnet sich, als Sitz zahlreicher internationaler Organisationen und Handelshäuser, durch ihre weltstädtische Atmosphäre aus. Gleichzeitig sorgt die geographische Lage am See für eine gewisse Offenheit – über das Wasser schweift der Blick ins Weite.

Genève est indéniablement le centre de la Suisse romande. Située à l'extrémité ouest du lac Léman, à l'endroit où le Rhône quitte le lac, la ville est le siège de nombreuses organisations et entreprises internationales, d'où son ambiance cosmopolite. De plus, sa situation géographique au bord du lac contribue à élargir son horizon au-delà des eaux du Léman. Nous sommes ici au Jardin anglais, situé le long des quais sur la rive sud du lac.

Geneva is the undisputed centre of Western Switzerland. It lies at the western end of Lake Geneva and on the River Rhone, exuding a cosmopolitan aura as the home of numerous international organizations and trading companies. At the same time, its geographical location on the lake gives a feeling of openness as the eye ranges freely over the water into the distance. We are standing on the south shore on the promenade beside the Jardin Anglais (= English Garden).

In der Schweiz gibt es nur wenige Landschaften, die vom Menschen derart in die Pflicht genommen worden und doch so reizvoll geblieben sind wie die Rebberge über dem Genfer See zwischen Lausanne und Vevey. Lavaux heißt dieses größte Weinbaugebiet der Schweiz. Das milde Seeklima tut ein übriges, um die Trauben reifen zu lassen. Vor allem Weißweine gedeihen hier. Wer die Weinbaulandschaft intensiv erleben möchte, wandere auf den Rebwegen.

Rares sont les paysages suisses qui ont su conserver leur charme malgré l'intervention de l'homme. Les vignobles de Lavaux sont de ceux-là. Situés entre Lausanne et Vevey, ils constituent la plus grande région viticole de Suisse. Pour mieux connaître ces vignobles, où poussent surtout des cépages blancs, on peut emprunter les sentiers qui les sillonnent. Bien que les coteaux soient en pente, des chaussures de montagne ne sont pas nécessaires, car les chemins sont tous goudronnés.

There are few landscapes in Switzerland which have been so heavily exploited and yet remained as charming as the vineyards above Lake Geneva between Lausanne and Vevey. Lavaux is the largest wine-growing area in Switzerland. The mild lake climate does its bit in helping the grapes to ripen, mainly for white wine. If you want to experience this landscape first hand, you can walk through the vineyards. No hiking shoes are needed as all the roads are paved.

LAUSANNE am Genfer See

Politisch und wirtschaftlich stand Lausanne stets etwas im Schatten von Genf. Immerhin kann sich die zweitgrößte Stadt der Westschweiz rühmen, von den alten Griechen gegründet worden zu sein — so jedenfalls erzählt eine Sage. Als Hauptstadt des landschaftlich so vielgestaltigen Kantons Waadt besitzt Lausanne beträchtliche touristische Bedeutung, wozu auch die Lage des Ortes am Sonnenhang über dem Genfer See beiträgt.

LAUSANNE / Lac Léman

Sur les plans politique et économique, Lausanne a toujours été dans l'ombre de Genève. Mais la deuxième ville de Suisse romande peut se prévaloir d'avoir été fondée par les anciens Grecs – c'est du moins ce que dit la légende. En sa qualité de chef-lieu du canton de Vaud, canton si divers par ses paysages, Lausanne revêt une importance particulière. La ville est située sur les coteaux ensoleillés du Léman, ce qui ajoute encore à son charme.

LAUSANNE / Lake Geneva

Lausanne has always been politically and economically overshadowed by Geneva. However, the second-biggest town in Western Switzerland can boast that it was founded by the ancient Greeks – or so the legend goes. As the capital of Canton Vaud with its varied landscape, Lausanne is an important tourist centre, and its situation on a sunny slope above Lake Geneva enhances its attraction.

Wo die nördliche Alpenrandkette an den Genfer See stößt, liegt unweit Montreux das trutzige Schloß Chillon. Erbaut wurde die Festung zwischen Berg und Wasser im 13. Jahrhundert durch die Grafen von Savoyen. Schon im 18. Jahrhundert besuchten Touristen die imposante Anlage, nachdem der Genfer Schriftsteller Jean-Jacques Rousseau Chillon in einem Roman verewigt hatte. Später machte Lord Byron mit einem romantischen Gedicht das Schloß auch in Großbritannien berühmt.

Situé non loin de Montreux, entre les montagnes et le lac, le château de Chillon date du XIIIe siècle. Au XVIIIe siècle, l'écrivain genevois Jean-Jacques Rousseau l'immortalisa dans l'un de ses romans et depuis lors, ce site imposant attire de nombreux touristes. Plus tard, Byron composa un poème romantique à la gloire du château de Chillon, ce qui le rendit célèbre jusqu'en Grande-Bretagne. La vue sur Chillon est particulièrement belle lorsqu'on y arrive en bateau.

Chillon Castle, a mighty fortress built by the Counts of Savoy in the 13th century, stands between mountains and water where the northern Alps reach Lake Geneva near Montreux. This impressive castle was a tourist attraction as early as the 18th century, after Jean-Jacques Rousseau, the Genevan author, had immortalized it in a novel. Later, its fame spread to Britain with Lord Byron's famous Romantic poem "The Prisoner of Chillon". The most attractive approach route is by boat.

Nicht nur die Wildwasserfahrer, auch die Ballonpiloten treffen sich gerne in Châteaux-d'Oex. Selbst im Winter, wenn die bunten Heißluftballone einen hübschen Kontrast zur verschneiten Gebirgslandschaft bilden, finden Wettfahrten statt. Châteaux-d'Oex ist ein wichtiger Zwischenhalt der Montreux-Oberland-Bahn (MOB), welche den Genfer See mit dem Berner Oberland verbindet und unter dem Begriff „Golden Pass" verkehrt.

Non seulement les amateurs de rafting, mais aussi les pilotes de montgolfières aiment se retrouver à Château-d'Oex. Des compétitions ont lieu aussi en hiver et les ballons à air chaud égayent alors de leurs couleurs le paysage enneigé. Chateau-d'Oex est un arrêt important sur la ligne de chemin de fer du MOB (Montreux-Oberland Bernois) – appelée aussi Golden Pass – qui relie le Léman à l'Oberland bernois.

Château-d'Oex is a favourite meeting place for hot-air balloon enthusiasts as well as for rapid-shooters – even in winter, when the brightly coloured balloons contrast strikingly with the snow-covered mountain landscape. Château d'Oex is an important halt on the Montreux-Oberland railway line (MOB), linking Lake Geneva with the Bernese Oberland under the tourist name of the "Golden Pass".

Eine Natursehenswürdigkeit besonderer Art findet sich im Süden der Walliser Kantonshauptstadt Sitten/Sion. Bei der Vereinigungsstelle von Val d'Hérens und Val d'Hérémence, unweit Euseigne, ist der Bergkamm mit Erdpyramiden bespickt. Es handelt sich um eine Moräne aus Lockergestein, vom Regen nach und nach ausgewaschen. Wo ein großer Block als Schutzhut wirkt, bleibt eine Pyramide stehen.

Au sud du chef-lieu valaisan, Sion, se trouve une curiosité naturelle toute particulière. La crête montagneuse située près d'Euseigne, à la jonction du Val d'Hérens et du Val d'Hérémence, est hérissée de pyramides formées de roche morainique tendre. Erodées au fil des temps par le ruissellement des eaux, elles se sont conservées grâce au bloc de pierre dure qui les coiffe. Un tunnel routier passe sous les pyramides.

A particular natural phenomenon is found to the south of Sion (or Sitten), the capital of Canton Valais, in the Val d'Hérens and the Val d'Hérémence. The mountain spurs feature earth pyramids, moraines of loose stones which have been gradually eroded by rain. Where a large sheltering boulder caps the stones, they remain standing. A road tunnel goes through the pyramids.

Im Süden des Unterwallis steigen die höchsten Alpengipfel über die 4000-Meter-Marke empor. Die Dent Blanche („weißer Zahn"), hier mit dem Durand-Gletscher, erreicht 4356 m und ist damit Rekordhalterin der Westschweiz. Verschiedene Hütten des Schweizer Alpen-Clubs (SAC) erleichtern die Besteigung dieser Berge, die meist einen langen, alpinistisch anspruchsvollen Anmarsch mit viel Höhenunterschied voraussetzt.

Dans le sud du Bas-Valais, les plus hauts sommets alpins dépassent la limite des 4000 mètres. La Dent Blanche, ici avec le glacier Durand, atteint même 4356 mètres, détenant ainsi le record des cimes romandes. Plusieurs cabanes du Club alpin suisse (CAS) facilitent l'ascension de ces sommets, car les marches d'approche sont souvent longues et difficiles et les dénivellations importantes.

To the south of the Lower Valais, the highest peaks exceed 4000 metres. The Dent Blanche (= white tooth), shown here with the Durand Glacier, is the highest mountain in Western Switzerland at 4356 m. Mountaineers welcome the various huts provided by the Swiss Alpine Club because these ascents involve long, taxing approaches with considerable height differences.

Sitten – französisch Sion – ist Hauptstadt des zweisprachigen Kantons Wallis. Wie alle größeren Ortschaften liegt Sitten im Rhonetal, indes nicht am Fluß selber, sondern etwas erhöht — vor der Korrektion trat die Rhone regelmäßig über ihre Ufer. Bewacht wird Sitten von der Burgkirche Valeria (Bild unten) und dem Schloß Tourbillon.

Sion est le chef-lieu du canton du Valais. Comme toutes les localités importantes, la ville est située dans la vallée du Rhône, mais pas directement au bord du fleuve, lequel débordait régulièrement avant que son cours ne soit corrigé. L'église de Valère (photo du bas) et le château de Tourbillon veillent sur la ville.

Sion is the capital of the French- and German-speaking Canton Valais. Like all the larger towns, it lies in the Rhone Valley, not on the river itself, but slightly above it (before the Rhone was corrected, it used to flood regularly). Sion is watched over by the Valeria fortified church (pictured below) and Tourbillon Castle.

MATTERHORN bei Zermatt

Lange Jahrhunderte galt die Hochgebirgswelt als schrecklich und unnahbar. Heute hingegen ziehen Zehntausende in die Berge, um Erholung zu suchen. Zum eigentlichen Wahrzeichen des Alpinismus – und der Schweiz als Ferienland – ist das Matterhorn über Zermatt im Wallis geworden. Die 4478 Meter hohe Pyramide aus Urgestein an der Grenze zu Italien gilt seit der dramatischen Erstbesteigung 1865 als Traumziel aller Kletterer.

Le CERVIN près de Zermatt

Pendant de longs siècles, la haute montagne fut considérée comme un univers redoutable et inaccessible. Aujourd'hui, des milliers de personnes recherchent à la montagne la détente et le repos. Situé à la frontière italo-suisse, au-dessus de Zermatt, le Cervin est devenu l'un des symboles de l'alpinisme, voire de la Suisse tout entière. Depuis sa première ascension dramatique de 1865, cette pyramide de 4478 mètres est le but rêvé de tous les alpinistes.

MATTERHORN near Zermatt

For many centuries, mountains were regarded with awe and given a wide berth. Nowadays, people flock to them in search of recreation. The Matterhorn, above Zermatt in Canton Valais, has become the distinctive symbol of mountaineering and of Switzerland as a holiday destination. This 4478-m pyramid of ancient rock stands on the border to Italy and has held a special fascination for climbers ever since the first dramatic ascent in 1865.

Saas Fee **WALLIS, Gomstal**

Weniger bekannt und weniger überlaufen als Zermatt ist das benachbarte Saas Fee; beide Ferienorte sind autofrei. Bild links zeigt die Lärchen im Tal von Saas Fee mit ihrem goldenen Nadelkleid, im Hintergrund überragt vom Alphubel. Trotz des bescheiden klingenden Namens bringt es der Berg auf stolze 4206 m ü.M. Der obere Teil des Oberwallis, von der noch ungezähmten jungen Rhone durchflossen, heißt Goms. Die Bevölkerung lebt von Berglandwirtschaft und Fremdenverkehr.

Saas Fee **Vallée de Conches**

Le village de Saas Fee est moins connu et moins fréquenté que son voisin, Zermatt; mais comme lui, il est interdit à la circulation automobile. A gauche, les mélèzes de la vallée de Saas Fee, revêtus de couleurs d'automne et dominés par l'Alphubel, qui culmine à 4206 mètres. Peu après sa source, le Rhône encore impétueux descend la vallée de Conches, située à l'extrémité est du Haut-Valais. La population de cette vallée vit de l'agriculture de montagne et du tourisme.

Saas Fee **VALAIS, Goms Valley**

The neighbouring village of Saas Fee is less well known, less fashionable and less crowded than Zermatt; traffic is banned from both resorts. Left, the golden-needled larch trees in the valley of Saas Fee, with the Alphubel (= alpine knoll) towering in the background. Despite its modest name, this mountain is all of 4206 metres high. Goms is the name given to the farthermost reaches of the Upper Valais through which the wild young Rhone flows.

Zwei Eisströme reichen im Wallis bis in die Vegetationsgrenze herunter. Auf dem Bild unten überquert eine Herde von Schwarzhalsziegen den Aletschgletscher – mit 24 Kilometern Länge und 86 qkm Oberfläche der größte Alpengletscher. Rechte Seite der Rhonegletscher am Furkapaß, von der Straße aus prächtig zu beobachten. Manchmal lösen sich ganze Eistürme und zerschellen auf dem blanken Felsen vor der Gletscherfront.

Deux glaciers valaisans descendent jusqu'à la zone de végétation. Sur la photo du bas, un troupeau de chèvres traversant le glacier d'Aletsch; avec ses 24 km de longueur et ses 86 km^2 de superficie, c'est le plus grand glacier des Alpes. A droite, le glacier du Rhône près du col de la Furka, que l'on peut admirer depuis la route. Il arrive que des séracs se détachent et se brisent sur les rochers situés en contrebas.

Two Valais glaciers reach down below the vegetation line. Below, a herd of black-necked goats crosses the biggest Alpine glacier, the Aletsch Glacier (24 kilometres long, covering 86 square kilometres). Right, the Rhone Glacier by the Furka Pass - a magnificent view of it can be had from the road. Occasionally, whole towers of ice break off and smash down on the bare rock at the foot of the glacier.

„Ewiges Eis" der Alpen

Was wären die Schweizer Alpen ohne Gletscher? Öde Steinhaufen hoch über der Waldgrenze, für Touristen wohl ohne Reiz. Das „ewige Eis" der Gletscher dient freilich nicht allein dem Fremdenverkehr, sondern auch der Wasserwirtschaft – selbst in trockenen Sommern spenden die weißen Zungen kostbares Naß. Gerade der Gebirgskanton Wallis ist auf dieses Gletschergeschenkt angewiesen: Schmelzwasser tränkt die dürstenden Felder und treibt die Turbinen der Kraftwerke an.

Les Alpes et les neiges éternelles

Que seraient les Alpes sans leurs glaciers? D'arides tas de rochers, sans aucun attrait touristique. Mais les neiges éternelles n'attirent pas seulement les touristes, elles ont aussi une fonction régulatrice: même lorsque l'été est très sec, les glaciers fournissent de l'eau. Canton montagneux par excellence, le Valais a grand besoin de ses glaciers: l'eau de fonte arrose les pâturages et alimente les turbines des nombreuses centrales hydro-électriques.

The "Eternal Ice" of the Alps

What would the Swiss Alps be without glaciers? Desolate piles of rock towering high above the tree-line of little interest to visitors. As well as being a tourist attraction, the "eternal ice" of the glaciers is also a valuable source of water, even in the driest summers. Mountainous Canton Valais in particular relies heavily on thawing glaciers to irrigate its fields and drive its many hydroelectric power stations.

42/43: Gotthardpaß, Tremola ▷▷

BELLINZONA LOCARNO

Bellinzona ist die Hauptstadt des Kantons Tessin und besitzt die schönsten Burgen weit und breit. Angelegt wurden diese Befestigungen gegen Ende des Mittelalters, und zwar durch die Eidgenossen aus Uri, Schwyz und Unterwalden. Hoch über Locarno erhebt sich die Wallfahrtskirche Madonna del Sasso – die „Jungfrau vom Felsen". An dieser Stelle hatte der Franziskanermönch Bartolomeo d'Ivrea 1480 eine Marienerscheinung.

BELLINZONA LOCARNO

Chef-lieu du canton du Tessin, Bellinzone possède les plus beaux châteaux forts de la région. Ces forteresses furent érigées à la fin du Moyen Age lorsque les Confédérés d'Uri, de Schwyz et d'Unterwald assujettirent le Tessin après l'avoir conquis. Le sanctuaire de Madonna del Sasso, la "Vierge du rocher", est situé au-dessus de Locarno. C'est là, en 1480, que la Vierge apparut au moine franciscain Bartolomeo d'Ivrea dont le modeste ermitage est devenu un lieu de pélerinage important.

BELLINZONA LOCARNO

Bellinzona is the capital of Canton Ticino and has the most beautiful castles for miles around. These fortresses were built towards the end of the Middle Ages by Confederates from Uri, Schwyz and Unterwalden in order to control their Ticino subjects. The pilgrim's church of the Madonna del Sasso (Virgin of the Rocks) towers high above Locarno. The Virgin Mary appeared to the Franciscan monk Bartolomeo d'Ivrea on this spot in 1480.

46/47: ASCONA
am Lago Maggiore ▷▷

troccolo
SNACK BAR
Bottega Berta

Das Dorf Ascona am Westrand des Maggiadeltas ist der tiefstgelegene Ort der Schweiz (Seiten 46/47): Hier an der Hafenpromenade befinden wir uns auf nur 196 Meter ü.M. Lange Jahrhunderte war Ascona ein bescheidenes Fischerdorf. PARADISO heißt der südliche Stadtteil von LUGANO. So ein Name verpflichtet, und die Realität hält, zumindest hier an der Strandpromenade, mit dem Versprechen auch Schritt: Palmen unter Frühlingshimmel, und von jenseits der Bucht grüßt der Monte Brè.

Ascona, situé sur la frange ouest du delta de la Maggia, est le point le plus bas de Suisse (pages 46/47): ici, sur les quais, nous sommes à une altitude de 196 m seulement – un véritable record pour un pays montagneux. Pendant des siècles, Ascona a été un modeste village de pêcheurs. La partie sud de la ville de LUGANO porte un nom prometteur, PARADISO, auquel la réalité rend parfaitement justice – du moins ici le long des quais. Bordés de palmiers, ils offrent une vue magnifique sur le Monte Brè.

The village of Ascona on the western edge of the Maggia delta is the lowest-lying settlement in Switzerland (pages 46/47). The harbour promenade is situated at only 196 metres above sea-level - a record for a mountain country. For centuries, Ascona was a modest fishing village. The southern part of LUGANO is called PARADISO (= Paradise), and it lives up to its name, at least along the lakeside promenade with its palms, blue spring sky and the view of Monte Brè across the bay.

Viamala-Schlucht / Graubünden

Wer auf der Autobahn durchs Bündnerland Richtung Tessin fährt, bekommt von der imposanten Viamala-Schlucht nichts zu sehen: Die moderne Straße umgeht das Verkehrshindernis zwischen Thusis und Splügen im Tunnel. Gangbar gemacht wurde die Schlucht des Hinterrheins seit 1472, doch nur mit einem holprigen Pfad. Daher erhielt die Lokalität ihren Namen: „Viamala" bedeutet schlechter Weg. Seit dem Bau einer Poststraße 1822 setzte der Besucherstrom ein.

Gorges de la Via Mala / Grisons

Si l'on emprunte l'autoroute qui traverse les Grisons en direction du Tessin, on ne verra pas les imposantes gorges de la Via Mala, car elle contourne cet obstacle naturel situé entre Thusis et Splügen. Les gorges furent accessibles dès 1472, mais seulement pas un chemin cahoteux qui donna son nom au site: la Via Mala – la mauvaise route. Dès 1822, grâce à la construction d'une route postale, les visiteurs se mirent à affluer.

Viamala ravine / Graubuenden

The impressive Viamala Ravine is invisible from the motorway linking the Graubuenden to Ticino because a tunnel skirts this obstacle between Thusis and Splügen. This ravine in the Upper Rhine valley was crossed for the first time in 1472 by means of a bumpy path ("Viamala" = bad road). Visitors began to flood there in 1822 with the building of a coach road, and now the Viamala is one of the most popular natural attractions in the Graubuenden.

Graubünden /Zervreilahorn

Im Mittelalter wanderten Bauern aus dem Wallis ostwärts ins Bündnerland, um hier eine neue Heimat zu finden. Neben Sprache und Hausformen erinnern auch Ortsnamen noch ans Wallis, so Vals in einem Nebental des Vorderrheintals. Ans Wallis – und zwar ans Matterhorn – klingt hier mitten in Graubünden auch die Bergform des Zervreilahorns an. Der kühne Gipfel liegt im Südwesten von Vals über dem Zervreila-Stausee und ist 2898 Meter hoch, wirkt aber wie ein stolzer Viertausender.

Grisons / Zervreilahorn

Au Moyen Age, des paysans valaisans émigrèrent dans les Grisons pour y trouver une nouvelle patrie. Non seulement la langue et l'architecture, mais aussi les noms des villages rappellent le Valais. Par sa forme, le Zervreilahorn rappelle le Cervin en Valais. Cet audacieux sommet grison est situé au sud-oust de Vals, audessus du lac artificiel de Zervreila. En hiver, il prend des allures de fier „quatre mille", bien qu'il ne culmine qu'à 2898 mètres.

Graubuenden / Zervreilahorn

In the Middle Ages, farmers from Canton Valais emigrated east into Graubuenden in search of a new home. The language, architecture and place names still recall the Valais, as in the case of Vals in a side-valley of the lower Rhine Valley. The shape of the Zervreilahorn in the heart of the Graubuenden is reminiscent of the Matterhorn in Canton Valais. This striking peak to the south west of Vals seams to tower over the Zervreila Reservoir like a proud 4000-metre mountain.

Das Engadin gehört zur großen inneralpinen Längsfurche, die sich von Chiavenna in Italien bis nach Kufstein in Österreich erstreckt. Höhepunkt des Talsystems ist die Oberengadiner Seenlandschaft - und dies gleich in zweifacher Hinsicht. Erstens handelt es sich um die Kulmination des Talbodens auf 1800 m ü.M. Und zum zweiten zählt das Gebiet von Silvaplanersee (vorn) und Silsersee nicht bloß zu den schönsten Graubündens, sondern der ganzen Alpen.

L'Engadine fait partie du long sillon alpin qui s'étend de Chiavenna, en Italie, à Kufstein, en Autriche. La région des lacs de la Haute-Engadine est considérée comme le point le plus important de la vallée et cela pour deux raisons: c'est à cet endroit que le niveau de la vallée est le plus élevé (1800 m) et c'est là aussi que se trouvent les lacs de Silvaplana (devant) et de Sils, fleurons des Grisons, voire des Alpes tout entières.

The Engadine is part of the great longitudinal cut through the Alps starting in Chiavenna in Italy and ending in Kufstein in Austria. The lakescape of the Upper Engadine is the highlight of this valley system in two ways. First, because it marks the highest point in the valley floor at 1800 m, and second because the area round Lake Silvaplana (in the foreground) and Lake Sils is not only the most beautiful in Graubuenden but also in the whole Alps.

Tschierva-Gletscher

Ein klassischer Aufstieg zum 4049 Meter hohen Piz Bernina (linker Gipfel) führt durchs Rosegtal und über den Tschierva-Gletscher; rechts neben dem höchsten Gipfel Graubündens sein kleinerer Bruder, der Piz Scerscen (3971 m ü.M.). Einen historischen Akzent ins Unterengadin setzt das weithin sichtbare Schloß von Tarasp unweit Scuol (Seiten 54/55). Das mächtige mittelalterliche Gebäude der Herren von Tarasp hat manche Stürme der Geschichte erlebt.

Glacier de Tschierva

L'une des ascensions classiques du Piz Bernina et de ses 4049 mètres passe par le Val Roseg et le glacier de Tschierva. A la droite du plus haut sommet grison, le Piz Scerscen (3971 m). Situé non loin de Scuol, le château de Tarasp (pages 54/55), que l'on aperçoit de très loin, confère une note historique à la Basse-Engadine. L'imposant bâtiment médiéval a survécu à plusieurs avatars au cours des siècles.

Tschierva Glacier

A classic ascent of the 4049-metre Piz Bernina takes you through the Roseg Valley and over the Tschierva Glacier; to the right of Graubuenden's highest peak stands Piz Scerscen (3971 m). Historic Tarasp Castle, near Scuol (pages 54/55), is visible for miles around. The mighty medieval building of the Lords of Tarasp has survived many upheavals, such as the Austrian attacks during the Swabian War (1499) and the Thirty Years' War (1621/22).

54/55: Schloß Tarasp im Unterengadin ▷▷

Scuol ist für das Unterengandin, was St. Moritz für das Oberengadin: gleichzeitig Badekurort und touristisches Zentrum. Unten die Kirche von Scuol/Schuls, dem Hauptort des Unterengadins. Sie steht auf einem Hügel über dem Inn, der sich der nahen Landesgrenze zu Österreich entgegenschlängelt.

Scuol, station climatique et centre touristique, est à la Basse-Engadine ce que St.Moritz est à la Haute-Engadine. En bas, l'église de Scuol/Schuls, perchée sur une colline dominant l'Inn qui serpente en direction de la frontière autrichienne. Sucol est le chef-lieu de la Basse-Engadine.

Scuol is to the Lower Engadine, what St Mortiz is to the Upper Engadine – both a spa and tourist centre. Below, the church of Scuol/Schuls, the main town in Lower Engadine, on a hill above the River Inn which is winding its way towards the nearby border with Austria.

Durch übermäßige Jagd ist der Steinbock im Unterengadin bereits während des 17. Jahrhunderts ausgerottet worden. Nach Eröffnung des Nationalparks begann man mit der Wiederansiedlung von Steinwild. Aus den 34 ausgesetzten Tieren hat sich inzwischen ein stolzer Bestand von rund 200 Stück entwickelt. Anders als die 2000 Hirsche bleiben die Steinböcke den Winter über im schneereichen, lawinengefährdeten Park.

En Basse-Engadine, les excès de la chasse eurent des effets néfastes sur les bouquetins au XVIIe siècle déjà. L'ouverture du Parc National permit la réimplantation du gibier de montagne. Un groupe de 34 bouquetins fut introduit à l'époque; aujourd'hui, on dénombre près de 200 têtes. Contrairement aux cerfs (environ 2000), les bouquetins restent dans le parc en hiver, malgré la neige et les avalanches.

The ibex had become extinct in the Lower Engadine as early as the 17th century because of excessive hunting. After the National Park was created, 34 were reintroduced and, in the meantime, their numbers have grown to some 200. Unlike the 2000 deer, the ibex spend the winter in the park with its heavy snows and threat of avalanches.

Schon die alten Römer hatten die Bedeutung einer Siedlung an dieser Stelle erkannt: Wo von Westen her die Plessur aus dem Tal von Arosa in den Rhein mündet, gründeten sie die befestigte Ortschaft Curia. Bis weit ins 19. Jahrhundert hinein blieb Chur, Hauptstadt des Kantons Graubünden, von Mauern umgeben. Eine grüne Hügelregion zieht sich längs des Alpenrandes durch die Ostschweiz: das Appenzellerland.

A l'endroit où la rivière Plessur débouche de la vallée d'Arosa pour se jeter dans le Rhin, les Romains, qui avaient déjà reconnu l'importance de ce site, fondèrent la cité fortifiée de Curia. La ville de Coire/Chur – chef-lieu des Grisons – fut entourée de murs d'enceinte jusqu'au XIXe siècle. La région d'Appenzell, vallonnée et verdoyante, s'étend au pied des Alpes de la Suisse orientale.

The Romans were the first to recognize the strategic importance of a settlement in this location, where the River Plessur enters the Rhine from Arosa Valley, and built the fortified town of Curia there. Until far into the 19th century, Chur, the capital of Canton Graubuenden, was surrounded by city walls. The Appenzellerland is a green, hilly region which follows the line of the Alps through Eastern Switzerland.

Im Säntis (2502 m ü.M.) kulminiert die Ostschweizer Alpenrandkette. Der beliebte Aussichtsberg gehört zum Alpstein-Massiv aus Kalkgesteinsschichten des Erdmittelalters und liegt auf der Kantonsgrenze zwischen St. Gallen und Appenzell. Von der Schwägalp her ist der Säntis mit einer Luftseilbahn bequem zu erreichen. Hier der Blick im Winter westwärts über das Mittelland. Der Berg im Vordergrund heißt Speer (1950 m).

Le Säntis (2502 m) est le point culminant des Alpes bordant la Suisse orientale. Ce célèbre belvédère, situé à cheval sur la frontière entre les cantons de St-Gall et d'Appenzell, fait partie du massif alpin calcaire de l'ère tertiaire. A partir de Schwägalp, on peut en atteindre le sommet en téléphérique. Ici, la vue s'étend à l'ouest par delà le Plateau enneigé. Au premier plan, la cime du Speer (1950 m).

Mount Saentis (2502 m) is the highest peak in the alpine foothills of Eastern Switzerland. This popular vantage point is part of the alpine massif consisting of limestone layers from the Earth's Middle Ages and stands on the border between Cantons St Gall and Appenzell. The Saentis can be easily reached by aerial cableway from Schwaegalp. Here a winter view west over the Central Plain. In the foreground, the Speer (1950 m).

Nicht in den Alpen findet sich der bedeutendste Wasserfall der Schweiz, sondern bei Neuhausen an der Grenze der beiden Kantone Schaffhausen und Zürich. Hier blicken wir von unten auf die schäumenden Wassermassen. Die Sturzhöhe beträgt 21 Meter, die maximale Wassermenge 1080 Kubikmeter pro Sekunde. Damit ist der 150 Meter breite Rheinfall der größte Wasserfall des festländischen Europas. Am Ostufer das Schloß Laufen.

Les chutes d'eau les plus célèbres de Suisse ne sont pas situées dans les Alpes, mais à Neuhausen, à la frontière entre les cantons de Schaffhouse et de Zurich. Nous contemplons ici ces chutes tumultueuses, dont la hauteur est de 21 mètres, la largeur de 150 mètres et le débit maximum de 1080 m^3 par seconde. Les chutes du Rhin sont les plus importantes d'Europe. Sur la rive est, le château de Laufen.

Switzerland's biggest waterfall is not in the Alps but near Neuhausen on the border between Cantons Schaffhausen and Zurich. Here, we are looking up at the seething flow of water. The drop is 21 metres and the flow of water can reach 1080 cubic metres per second, making the 150-metre-wide Rhine Falls the biggest waterfall in continental Europe. On the east bank, Laufen Castle.

Auch die Kantonshauptstadt Schaffhausen läßt ihre Fundamente von Rheinwellen bespülen. Besonders hübsch ist die Anfahrt mit dem Schiff vom Bodensee her. Langsam rückt der Munot, die mittelalterliche Stadtbefestigung, ins Blickfeld. Der Munothügel trägt Reben — ein Zeichen für das milde Klima im äußersten Norden der Schweiz. Seit 1501 gehört Schaffhausen zur Eidgenossenschaft, wie übrigens auch Basel.

La ville de Schaffhouse, elle aussi baignée par les eaux du Rhin, est particulièrement belle lorsqu'on y arrive en bateau à partir du lac de Constance. La colline sur laquelle se dresse le Munot est plantée de vignes – ce qui démontre la douceur du climat de cette région située à l'extrémité nord de la Suisse. Depuis 1501, Schaffhouse fait partie de la Confédération, tout comme Bâle, la deuxième ville sur le Rhin.

Schaffhausen, the capital of the canton of the same name, is also on the Rhine, and the most attractive approach is by boat from Lake Constance. The Munot, the medieval city fortress, comes slowly into view; the hill on which it is built is planted with vineyards, testifying to the mild climate of this area in the northernmost corner of Switzerland. Schaffhausen, like Basle (also on the Rhine), has been part of the Confederation since 1501.

Den Bodensee mit seinen 541 Quadratkilometern Oberfläche teilt sich die Schweiz mit der Bundesrepublik Deutschland und mit Österreich. Die Frühlingsaufnahme vom Südufer des Untersees bei Salenstein im Kanton Thurgau zeigt die deutsche Insel Reichenau. Schon in römischer Zeit war die Gegend, wo die Limmat dem Zürichsee entfließt, besiedelt und befestigt. Die verkehrsgünstige Lage des damaligen Turicum wirkte sich auch im Mittelalter aus: Zürich wurde eine wichtige Handelsstadt.

La Suisse, l'Allemagne et l'Autriche se partagent les rives du lac de Constance dont la superficie mesure 541 km². De la rive sud du lac inférieur, près de Salenstein (canton de Thurgovie), on voit ici l'île allemande de Reichenau. Du temps des Romains déjà, l'extrémité nord du lac de Zurich était peuplée et fortifiée. L'emplacement du Turicum de l'époque, propice aux communications, fut également bénéfique au Moyen Age, de sorte que Zurich devint une ville marchande importante.

Switzerland shares Lake Constance (covering 541 square kilometres) with Germany and Austria. This springtime picture taken from the south shore of the lake near Salenstein (Canton Thurgau) shows the German island of Reichenau. The site where the Limmat leaves Lake Zurich was settled as early as Roman times. And the advantages of the prime location of what was then called Turicum made it an important trade centre in the Middle Ages and hence a vital partner in the old Confederation.

waser
BERLING

Altdorf / Kanton Uri

Das Bild auf der vorangehenden Doppelseite führt uns mitten in die Urschweiz. Hier befinden wir uns in Seelisberg über dem Vierwaldstättersee, ganz im Norden des Kanton Uri. Über das Wasser geht der Blick zum Kurort Brunnen im Kanton Schwyz sowie zum Talkessel von Schwyz am Fuß der beiden Mythen. ALTDORF im Reusstal ist Hauptort des Kanton Uri und Schauplatz der bekannte Apfelschuß-Szene. Hier steht heute das vielbesuchte Tellendenkmal.

Altdorf / Canton d'Uri

La photo de la double page précédente nous emmène au coeur de la Suisse. Nous voici à Seelisberg, audessus du lac des Quatre-Cantons, tout au nord du canton d'Uri. Sur la rive opposée, on aperçoit Brunnen (canton de Schwyz) et le vallon encaissé de Schwyz, au pied des deux Mythen. Le bourg d'ALTDORF, situé dans la vallée de la Reuss, est le chef-lieu du canton d'Uri. Selon la légende, c'est là que Guillaume Tell a tiré sur la pomme placée sur la tête de son fils.

Altdorf / Canton Uri

The picture on the previous double page takes us to the heart of Central Switzerland – to Seelisberg above the Lake of Lucerne, in the extreme north of Canton Uri. Across the lake, we see the resort of Brunnen in Canton Schwyz at the foot of the two Mythen. The much visited Tell Monument in ALTDORF, the capital of Canton Uri, in the Reuss Valley, marks the spot where William Tell is said to have shot an apple from his son Walter's head.

◁◁ 66/67: Vierwaldstättersee mit Blick zu den Mythen

VIERWALDSTÄTTERSEE

Eine Bootsfahrt auf dem vielarmigen Vierwaldstättersee zählt zu den schönsten Erlebnissen einer Schweizer Reise – vor allem dann, wenn sie mit einem der historischen Raddampfer unternommen wird: Landschaftsgenuß verbindet sich so mit Technik-Nostalgie. An Bord hat's keinen Raum für Hetze, denn die Fahrt von 38 Kilometern dauert einen halben Tag. Sie führt von Luzern nach Flüelen, also vom Alpenrand ins Herz der Berge. Links im Bild der Bürgenstock und – vor der Sonne – Rigi.

LAC DES QUATRE-CANTONS

Une promenade en bateau sur le lac des Quatre-Cantons constituera sans nul doute l'un des plus beaux souvenirs que l'on gardera d'un voyage en Suisse, surtout si on emprunte l'un des quelques bateaux à aube qui circulent encore sur le lac. Ces précieux témoins de la technique d'autrefois permettent de revivre une époque révolue tout en admirant le paysage. De Lucerne à Flüelen, le trajet de 38 kilomètres dure une demi-journée. On en profitera pour contempler quelques-uns des célèbres sommets.

LAKE OF LUCERNE

A boat trip on the Lake of Lucerne with its many inlets is one of the most impressive scenic experiences on a journey through Switzerland, especially on board a historic paddle-steamer! The trip from Lucerne to Flüelen, from the fringe of the Alps right into the heart of the mountains, is a leisurely one (the 38-kilometre sail takes half a day), passing beneath many well-known mountain vantage points such as the Bürgenstock (pictured left) and the Rigi (outlined against the setting sun).

HOTEL SCHIFF
RESTAURANT
MOSTROSE
VIDEO

Zehn Brücken überqueren auf Luzerns Stadtgebiet die grüne Reuss. Am bekanntesten ist die 1333 erbaute Kapellbrücke, die älteste erhaltene Holzbrücke Europas. Wie der Pilatus, der Aussichtsberg über Luzern, zu seinem Namen gekommen ist, wird wohl ewig ungeklärt bleiben. Jedenfalls erscheint es als wenig wahrscheinlich, daß – wie es eine Legende erzählt – hier oben der römische Prokurator Pilatus begraben worden sei.

La ville de Lucerne compte dix ponts qui enjambent la Reuss. Le plus célèbre d'entre eux, le Pont de la Chapelle, date de 1333; c'est le plus vieux pont en bois d'Europe. D'où vient le nom du célèbre belvédère qui domine Lucerne? Nul ne le saura sans doute jamais. Mais il est peu probable que le juge romain Pilate ait été enseveli à cet endroit, comme le veut la légende. Pendant longtemps, les autorités lucernoises interdirent l'ascension de la montagne, craignant sa vengeance.

Ten bridges span the green River Reuss in Lucerne, the most famous of them being the "Kapellbruecke" built in 1333 and the oldest wooden bridge in Europe. The mystery surrounding the origins of the name of this mountain above Lucerne will probably never be solved. In any case, the legend that Christ's judge was buried here seems improbable, though for many years, Lucerne's government forbade people to climb the Pilatus for fear of revenge.

Mit einem Weitblick vom Pilatus (2129 m ü.M.) schließen wir unsere Reise durch die Schweiz ab. Hier schweift das Auge gegen Osten, wo der Bürgenstock als Halbinsel aus dem Vierwaldstättersee auftaucht; dahinter sind Rigi und die beiden Mythen zu erkennen. Die Lage am Alpenrand über Luzern macht den durch eine Zahnradbahn und eine Luftseilbahn erschlossenen Pilatus zum attraktiven Ausflugsziel.

Cette vue plongeante, prise au sommet du Pilate (2129 m) mettra un point final à notre voyage à travers la Suisse. A l'est, la presqu'île du Bürgenstock émerge du lac des Quatre-Cantons. Derrière elle, on voit le Rigi et les deux Mythen. Comme le Pilate est situé en bordure des Alpes, près de Lucerne, et que l'on peut y monter en téléphérique ou en funiculaire, il constitue un but d'excursion très apprécié des touristes.

We conclude our journey through Switzerland with another bird's eye view from the top of the Pilatus. To the east, the Bürgenstock peninsula towers out of the Lake of Lucerne; behind it, you can see the Rigi and the two Mythen. Its situation on the fringe of the Alps above Lucerne makes a trip up the Pilatus by cogwheel railway or aerial cableway an attractive excursion.

ZIETHEN-PANORAMA-VERLAG
53902 Bad Münstereifel-Langscheid, Flurweg 15
Telefon: (0 22 53) 60 47

Auflage 2001

Redaktion und Gestaltung:
Horst Ziethen und Franz Auf der Maur

Texte: Franz Auf der Maur
Französisch-Übersetzung: Anne-Chr. Kasser
Englisch-Übersetzung: Pamela Bryson

Gesamtherstellung:
ZIETHEN-Farbdruckmedien GmbH
50999 Köln (Sürth), Unter Buschweg 17

Printed in Germany

FARBAUFNAHMEN	SEITE:
Siegfried Eigstler	8, 9, 12, 13, 21, 29, 30, 36, 38, 44, 49, 50, 56, 70
Fridmar Damm	7 (2), 11, 31, 32, 33, 39, 45, 46/47
Willi P. Burkhardt	6, 35, 66/67, 68, 69, 71, 72 u. Titel, Nachsatzseiten
Christof Sonderegger	5 (3), 7 (1), 16, 26, 40, 61, 64/65
Archiv T. u. M. Schneiders	20, 22, 25, 37, 51, 59
H. u. B. Dietz	7 (1), 48, 54/55 u. Rücktitel, 56, 63
Rolf A. Stähli	5 (4), 10, 15, 58
Hans Schlapfer	42/43, 62
Archiv Huber, Garmisch	17, 24, 52
Markus Niederhauser	5 (1), 34
Archiv Kinkelin	14, 53
Comet-Photo AG	18/19
Schweizer Verkehrszentrale	28
Brigitte Auf der Maur	41
Archiv Helga Lade	23
Horst Ziethen	27
L. Gensetter	57

SCHWEIZ-KARTEN
Schweiz-Karte auf Seite 2 wurde von KÜMMERLY + FREY, Bern zur Verfügung gestellt.
Schweiz-Panorama-Karte / Ausschnitt aus „Das große Alpenpanorama" von Hans Oberbacher © Maiers Geographischer Verlag